Un grand merci à Fanny K., Isabelle J. et Virginie D.
Affectueusement.

C.-J.

Maquette : Maryse Guittet
Suivi éditorial : Sophie Prénat

Loi n°49-956 du 16 juillet 1949 sur les publications destinées
à la jeunesse, modifiée par la loi n°2011-525 du 17 mai 2011.

ISBN : 978-2-09-258439-2
Achevé d'imprimer en juin 2019 par Pollina, Luçon, France - 89194
N° d'éditeur : 10244909 - Dépôt légal : juillet 2019

QUESTIONS RÉPONSES ! 5+

C'est comment, l'école ?

Texte de **Cécile Jugla**
Illustrations de **Maud Riemann**

Nathan

Tous à l'école !

Que de monde devant l'école élémentaire : c'est la rentrée ! Les petits ont hâte de connaître leur maître ou leur maîtresse. Les plus grands sont contents de revoir leurs copains...

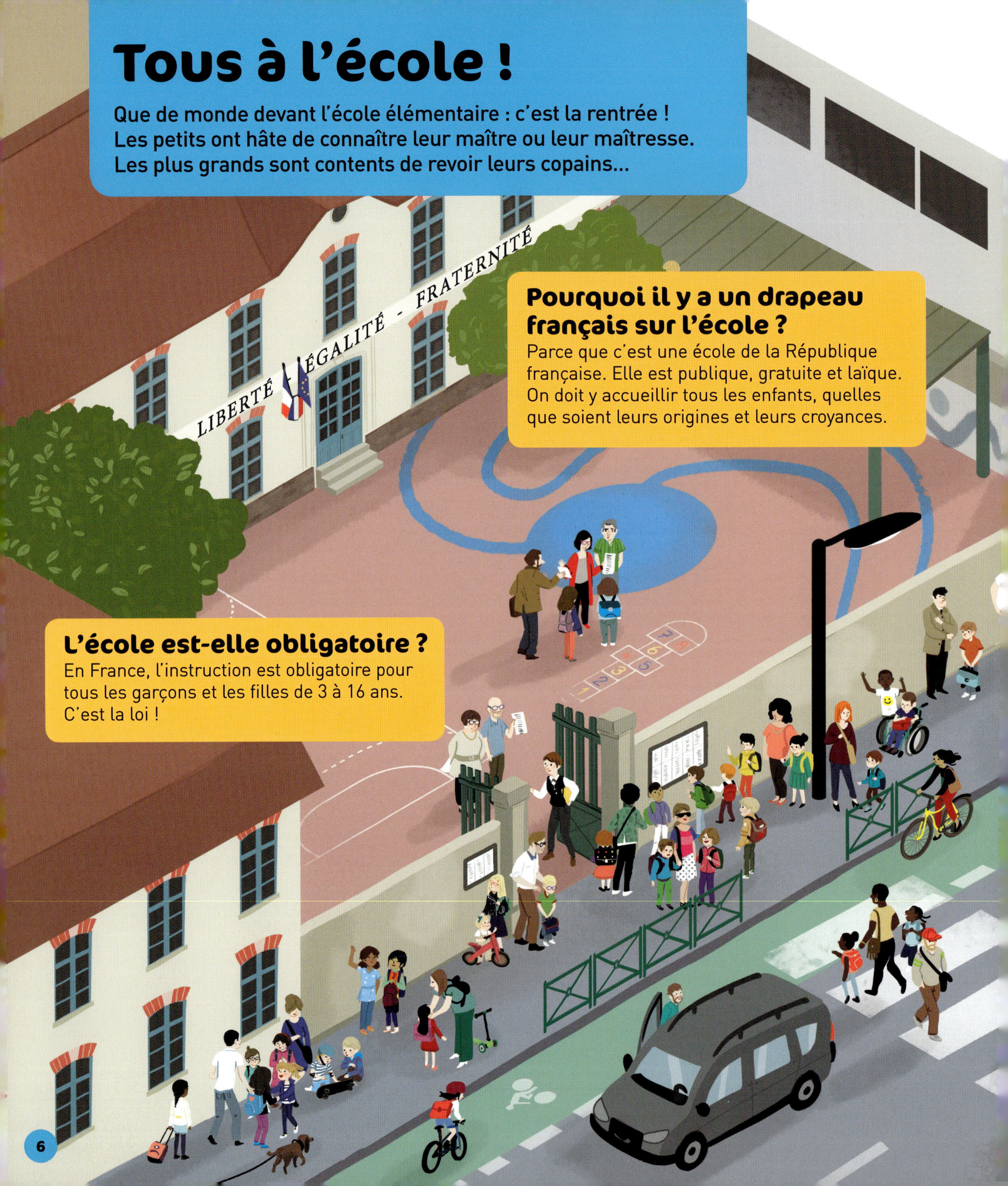

Pourquoi il y a un drapeau français sur l'école ?

Parce que c'est une école de la République française. Elle est publique, gratuite et laïque. On doit y accueillir tous les enfants, quelles que soient leurs origines et leurs croyances.

L'école est-elle obligatoire ?

En France, l'instruction est obligatoire pour tous les garçons et les filles de 3 à 16 ans. C'est la loi !

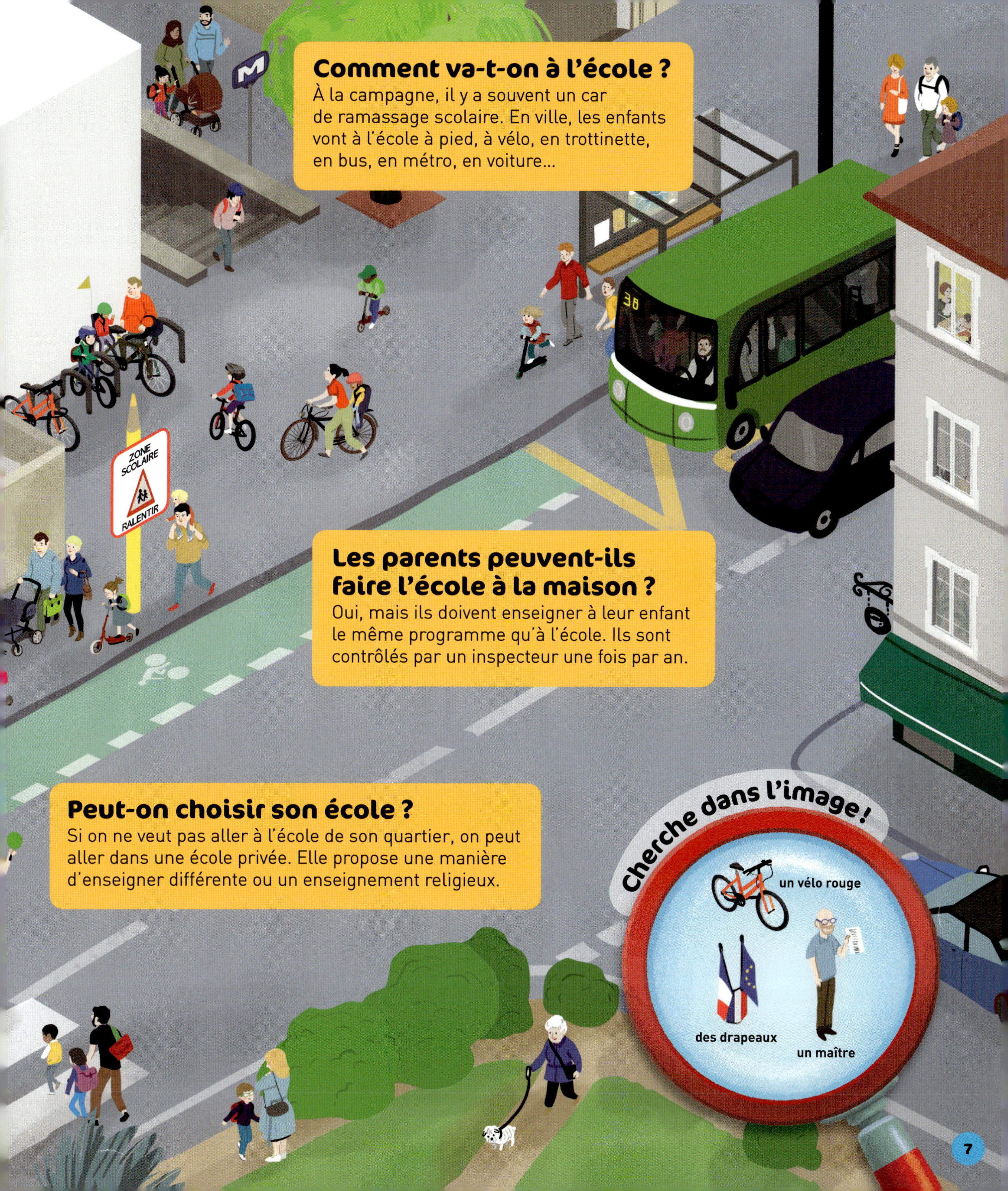

Comment va-t-on à l'école ?

À la campagne, il y a souvent un car de ramassage scolaire. En ville, les enfants vont à l'école à pied, à vélo, en trottinette, en bus, en métro, en voiture…

Les parents peuvent-ils faire l'école à la maison ?

Oui, mais ils doivent enseigner à leur enfant le même programme qu'à l'école. Ils sont contrôlés par un inspecteur une fois par an.

Peut-on choisir son école ?

Si on ne veut pas aller à l'école de son quartier, on peut aller dans une école privée. Elle propose une manière d'enseigner différente ou un enseignement religieux.

L'école élémentaire, c'est quoi ?

C'est l'école juste après la maternelle. Les écoliers sont grands maintenant, ils n'ont plus besoin d'Atsem dans la classe et se mettent en rangs pour entrer dans l'école.

Combien y a-t-il de classes ?

Cinq : CP, CE1, CE2, CM1, CM2. Dans une classe à double niveau, CP-CE1, par exemple, il y a des élèves de CP et de CE1 dans la même salle, avec un seul maître.

Quel âge a-t-on en CP ?

En général, 6 ans. Mais en fonction de ton mois de naissance, tu peux avoir 5 ans en début d'année scolaire ou très vite 7 ans au cours de l'année.

Va-t-on à l'école tous les jours ?

Les écoliers ont classe le lundi, le mardi, le jeudi, et le vendredi. Certains vont à l'école le mercredi matin. Le samedi et le dimanche, on se repose. Il y a aussi les petites vacances au cours de l'année, et les grandes, en été.

A-t-on le droit d'être absent ?

Oui, mais seulement si tu es malade ou si tu as rendez-vous chez le dentiste, par exemple. Les parents doivent avertir l'école.

Qu'est-ce qu'il y a dans le cartable ?

Du matériel scolaire – cahiers, trousse avec crayons, stylos, gomme, feutres... – qu'on achète en suivant la liste de l'école avant la rentrée. Chaque élève a aussi des manuels, un cahier de texte et un cahier de liaison.

Plein de choses à apprendre !

Dans les écoles françaises, chaque classe suit un programme précis : tous les ans, les élèves doivent acquérir des compétences différentes. En CP, ils apprennent à lire et à écrire, découvrent l'anglais, font des calculs...

Qu'est-ce qu'on apprend à l'école ?

À lire et à écrire de mieux en mieux, à faire des additions, des soustractions et d'autres opérations... Tu découvres aussi le monde, les animaux, l'histoire des hommes qui vivaient avant nous, les arts...

Comment est organisée la journée ?

L'emploi du temps indique ce qu'on fait chaque jour. Il change au cours de l'année. On découvre toutes sortes de matières (français, mathématiques...) et on fait des exercices différents.

À côté de qui on s'assoit ?

Le jour de la rentrée, chacun choisit sa place. La maîtresse peut ensuite organiser la classe autrement, si certains élèves bavardent trop, ou pour former des groupes de travail.

Est-ce qu'il y a des ordinateurs à l'école ?

Dans certaines écoles, oui. On s'en sert pour faire des exercices, chercher des informations sur Internet. S'il y a un tableau numérique interactif, il est relié à l'ordinateur de la maîtresse.

La maîtresse a-t-elle appris à être maîtresse ?

Oui. Pour devenir maîtresse ou professeure des écoles, elle a étudié pendant plusieurs années, appris à apprendre aux enfants et passé un examen difficile : un concours.

Les coulisses de l'école

L'école est un grand bâtiment avec plein de pièces différentes.
On y trouve les classes des élèves, une cantine, des toilettes,
une bibliothèque... et une salle pour les maîtres et les maîtresses !

Qui cuisine à l'école ?

Les plats sont souvent préparés dans une grande cuisine de la ville avant d'être livrés dans chaque école, réchauffés et servis aux enfants. Parfois on se sert tout seul : c'est un self-service !

Qui dirige l'école ?

Un maître ou une maîtresse qui n'enseigne pas tous les jours. Dans son bureau, le directeur ou la directrice reçoit les parents, inscrit les enfants, organise la vie de l'école et aide les maîtres à travailler en équipe.

Où fait-on du sport ?

Dans la salle de sport, la cour ou sous le préau. Les maîtres proposent différents sports aux élèves : jeux de raquettes ou de ballon, lutte, danse, cirque…

À quoi sert la salle des maîtres ?

C'est là que les maîtres et les maîtresses se retrouvent quand ils n'ont pas classe. Ils viennent faire des photocopies, boire un café, se donner des conseils, préparer une sortie…

Peut-on rester à l'école après la classe ?

Oui, c'est le temps périscolaire. Les enfants y font leurs devoirs ou des activités encadrées par des animateurs.

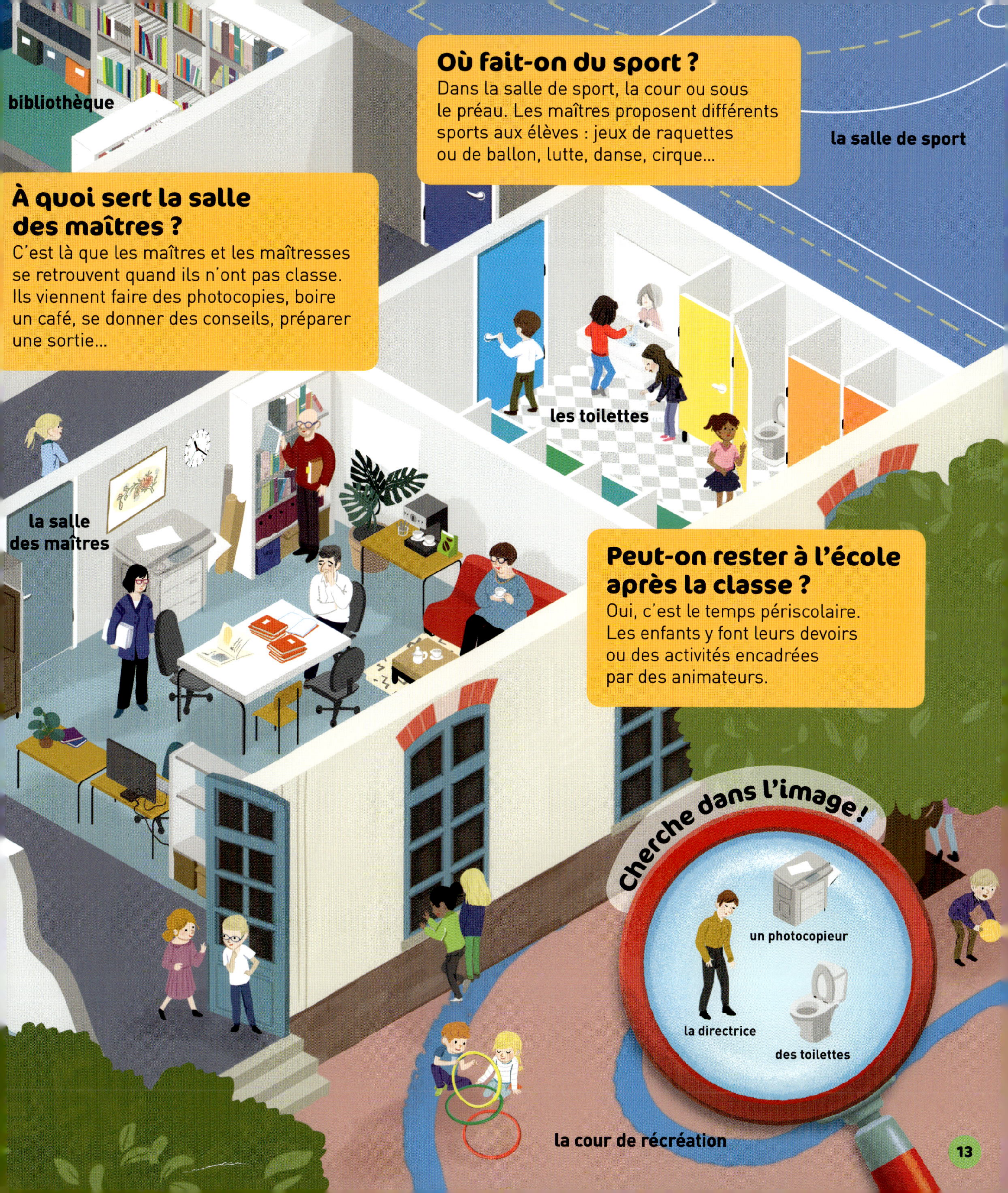

Ensemble et différents

Il y a des écoliers tout petits ou très grands, des blonds, des bruns, des filles, des garçons, certains portent des lunettes, d'autres sont en fauteuil… L'école apprend à respecter les différences.

Les filles et les garçons ont-ils toujours été à l'école ensemble ?

Non. Jusqu'en 1975, garçons et filles pouvaient aller dans des écoles différentes. Aujourd'hui, l'école est mixte : les garçons et les filles partagent la même éducation.

C'est quoi, la laïcité ?

À l'école publique, aucune religion n'est mise en avant. La laïcité, ça veut dire que chacun a la liberté de croire en un ou plusieurs dieux, de ne pas croire en Dieu, de penser des choses différentes…

Comment on s'entend quand on est différents ?

On n'est pas obligés d'être pareils pour s'entendre. Un bavard peut être copain avec un enfant plus silencieux, par exemple.

Un enfant handicapé peut-il aller à l'école ?

Oui. L'école doit tout faire pour intégrer un élève handicapé. Il peut être aidé par une auxiliaire de vie scolaire (AVS). Selon son handicap, il suit parfois certains cours dans une classe spécialisée.

Tous les écoliers parlent-ils français ?

Non. Certains enfants viennent de pays étrangers et parlent une autre langue. L'école doit les accueillir s'ils vivent en France, c'est la loi. Souvent, ils suivent des cours pour bien apprendre le français.

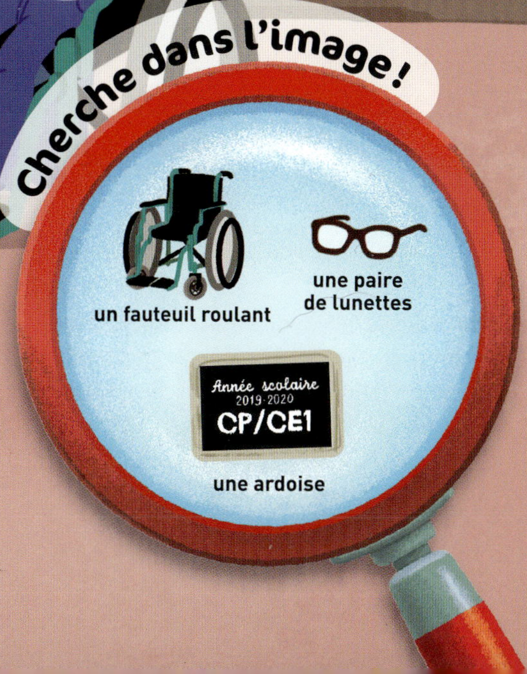

Vivre ensemble

Le règlement de l'école dit ce qu'on a le droit de faire ou de ne pas faire. Chaque élève le lit et le signe : ce sont les règles pour bien vivre ensemble.

A-t-on le droit de se battre ?

À l'école, personne ne doit ni frapper ni insulter les autres. Si le même enfant est tout le temps embêté, c'est du harcèlement : il faut le dire aux adultes.

À quoi ça sert, la récré ?

À se dépenser, quand on est resté longtemps assis et attentif. Après avoir joué dans la cour, on est plus concentré et on peut mieux apprendre !

Les maîtres ont-il le droit de punir un élève ?

Oui, si un élève frappe ou insulte un autre enfant ou un adulte, s'il abîme le matériel, les maîtres ont le droit de le punir : c'est inscrit dans le règlement.

Est-ce que les filles peuvent jouer au foot ?

Évidemment ! Et les garçons ont le droit de sauter à la corde. Surtout, rien n'empêche filles et garçons de jouer ensemble. Car il n'y a pas de jeux réservés aux filles et d'autres aux garçons.

Avec qui on joue ?

Souvent avec les copains de sa classe. Mais tu peux partager tes jeux avec un nouveau, ou les enfants d'une autre classe, même s'ils sont plus petits ou plus grands !

À la maison, le soir

On révise une leçon tout seul ou avec un parent, on raconte sa journée d'école ou on joue pour se détendre. Et on ne se couche pas trop tard, pour être en forme le lendemain !

C'est quoi, les devoirs ?

Ce sont des exercices de l'école qu'on fait à la maison comme : revoir une leçon, apprendre une poésie ou les mots d'une dictée… L'élève note ses devoirs dans son cahier de texte.

À quoi sert le cahier de liaison ?

Il permet aux maîtres et aux parents de communiquer. Les maîtres peuvent y mettre un mot quand ils ont besoin de parents pour accompagner une sortie.

Se tromper, est-ce que c'est grave ?

Non. Il faut se tromper pour bien comprendre. Certains retiennent vite une table d'addition et d'autres sont doués pour inventer une histoire. On n'a pas tous les mêmes points forts.

C'est quoi, la dyslexie ?

L'enfant dyslexique a du mal à lire. Quand on fait beaucoup de fautes d'orthographe, on peut être dysorthographique. L'orthophoniste aide les enfants à corriger ces difficultés.

Les notes, c'est obligatoire ?

Non. On évalue plutôt les compétences de l'écolier, parfois avec une couleur : les maîtres indiquent si un élève sait lire ou est en train d'apprendre à le faire.

La sortie à la piscine

Tous les lundis après-midi, pendant plusieurs semaines, les élèves de CP-CE1 vont à la piscine, pour se familiariser avec l'eau et apprendre à nager. Certains enfants adorent, mais d'autres ont un peu peur…

Est-ce qu'on fait du sport à l'école ?

Oui, 3 heures par semaine avec le maître ou des animateurs sportifs, qui viennent à l'école faire découvrir un sport, comme le handball.

Et si on a peur de l'eau ?

Les enfants sont répartis selon leur niveau. Ceux qui ne sont pas à l'aise s'habituent à l'eau dans le petit bain. D'autres apprennent à sauter et à se déplacer dans le grand bain.

Pourquoi il y a des parents dans les gradins ?

Ce sont des accompagnateurs. Ils surveillent les enfants pendant le trajet et les aident dans les vestiaires. Dans les bassins, les maîtres-nageurs et les maîtres s'occupent des enfants.

Comment la classe va-t-elle à la piscine ?

À pied, si ce n'est pas trop loin de l'école. Sinon, les écoliers peuvent prendre les transports en commun (bus, métro...). Ou l'école peut réserver un car municipal.

Où sort-on avec l'école ?

Au musée, au cinéma, à la bibliothèque, au marché, au zoo, dans une usine... Les sorties permettent aux enfants d'apprendre autrement et de découvrir de nouveaux lieux.

L'infirmière fait la classe

Les maîtres font parfois appel à d'autres personnes pour intervenir en classe. Aujourd'hui, l'infirmière scolaire vient expliquer aux enfants comment bien se nourrir...

Qui peut intervenir dans la classe ?

Un parent pour présenter son métier, un auteur pour parler de ses livres, un musicien pour initier les enfants à la musique, un assistant en langue pour leur apprendre l'anglais...

L'intervenant vient combien de fois ?

L'infirmière n'a besoin que d'une matinée pour apprendre aux enfants à manger équilibré. Mais un musicien viendra plusieurs fois pour mettre en place une chorale.

Que fait l'infirmière ici ?

Elle demande à un élève de composer un petit déjeuner équilibré avec les bons aliments. Car bien manger aide aussi à bien apprendre à l'école et à ne pas être fatigué.

Doit-on préparer la venue de l'intervenant ?

Oui. Ici les élèves ont cherché des informations au sujet des aliments sur Internet ou dans des livres. Ils ont aussi préparé des questions à poser à l'infirmière.

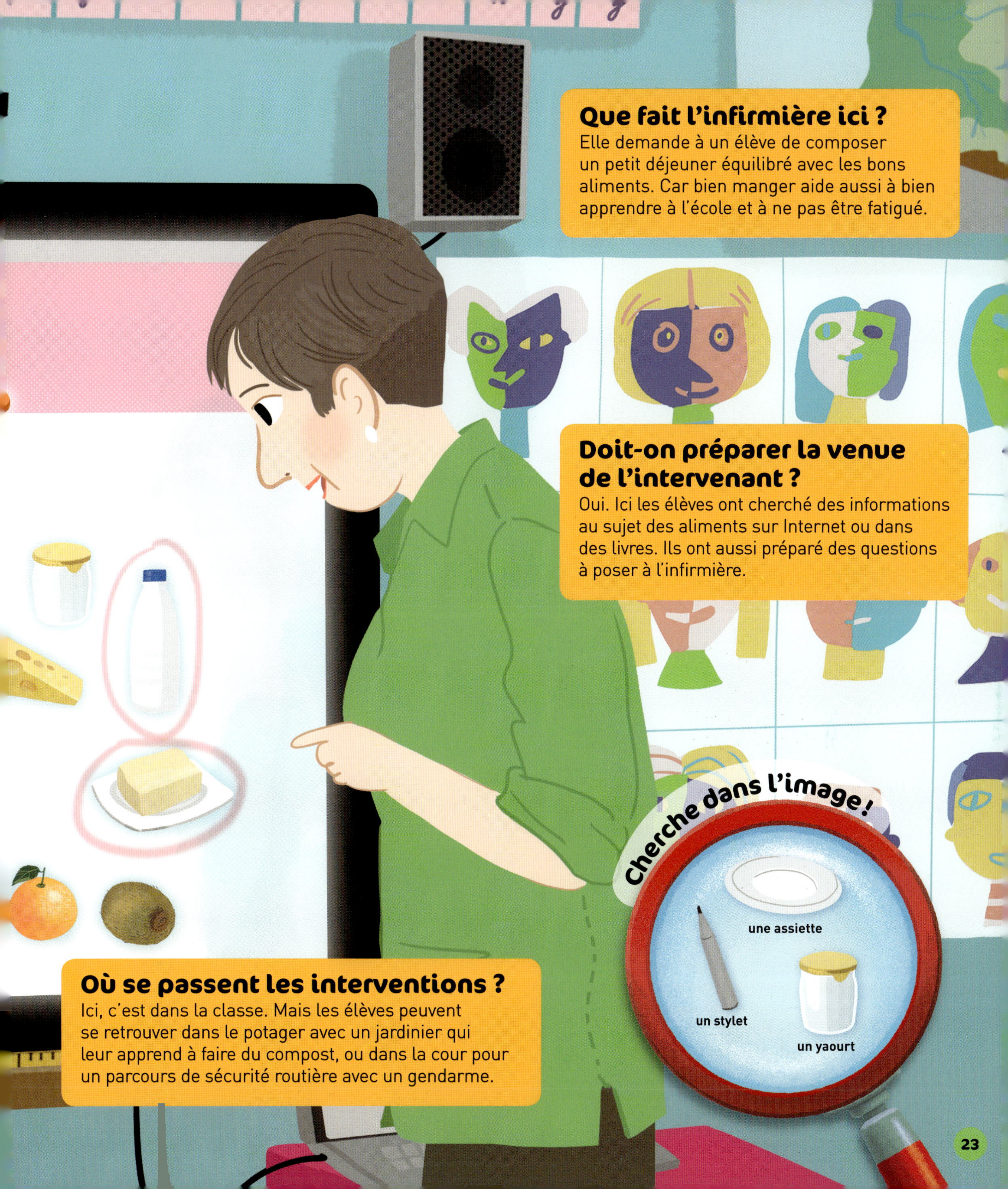

Où se passent les interventions ?

Ici, c'est dans la classe. Mais les élèves peuvent se retrouver dans le potager avec un jardinier qui leur apprend à faire du compost, ou dans la cour pour un parcours de sécurité routière avec un gendarme.

La classe découverte

Les élèves de CP-CE1 sont à la mer. Ils vont y rester une semaine entière. C'est la classe découverte.

Pourquoi ça s'appelle « classe découverte » ?

Ce séjour permet de découvrir un lieu à la campagne, à la montagne ou en ville. Il aide les élèves à devenir plus autonomes. On apprend à se séparer de ses parents et à se débrouiller tout seul pour choisir ses vêtements...

Où est-ce qu'on dort ?

Les élèves ont souvent des chambres de 3 ou 4 lits. Ils restent entre copains, avec la maîtresse et les accompagnateurs, jour et nuit, pendant une semaine !

La classe découverte, c'est comme des vacances ?

Non ! On travaille autrement : on découvre la nature, on fait des activités avec la maîtresse ou des animateurs, on visite aussi des usines, des marchés, des châteaux… On rencontre des personnes qui font des métiers différents.

Que fait-on à la mer ?

Sur la plage, par exemple, le pêcheur présente les coquillages aux enfants. L'ostréiculteur leur explique comment il élève les huîtres.

Est-ce qu'on peut téléphoner aux parents ?

Normalement, non. Parfois, la classe fait un blog avec des photos pour raconter aux parents ce qui se passe pendant le séjour. On peut aussi leur envoyer une carte postale !

Et après l'école élémentaire ?

Après le CM2, on doit continuer l'école jusqu'à l'âge de 16 ans. Ensuite on choisit d'arrêter ou de poursuivre ses études. Il y a plein de façons d'apprendre un métier…

Quand va-t-on au collège ?

Après le CM2. Le collège accueille des élèves de 11 à 14 ans dans 4 classes : la 6e, la 5e, la 4e et la 3e. Les collégiens ont un professeur spécialisé pour chaque matière. Ils changent de salle à chaque cours.

Tous les adolescents vont-ils au lycée ?

Non, après le collège, certains vont dans un lycée professionnel pour apprendre un métier. D'autres vont dans un lycée général. Là il y a 3 classes : la seconde, la première et la terminale. Et à la fin, les élèves passent un examen : le baccalauréat ou « bac ».

Comment on apprend un métier ?

Cela dépend. On apprend le métier de boulanger dans un lycée professionnel et auprès d'un vrai boulanger ; une école spécialisée permet de devenir vétérinaire ; pour être professeur, on va à l'université...

C'est quoi, l'université ?

Un lieu d'enseignement dans lequel on entre avec le bac. Pendant plusieurs années, on y approfondit ses connaissances dans une matière : l'histoire, l'anglais, les mathématiques, le droit...

Jusqu'à quel âge on peut apprendre ?

On apprend toute la vie ! Quand on travaille, on peut continuer à apprendre en suivant des formations. Les adultes peuvent aussi changer de métier et reprendre des études.

Cherche dans l'image !

- des ouvriers
- un fleuriste
- un cuisinier

Le sais-tu ?

Des CP et des CM2 peuvent-ils être dans la même classe ?

Oui ! Dans un village, quand il n'y a pas beaucoup d'enfants, on les regroupe parfois dans une classe unique. Le maître connaît le programme de chacun. Et les grands aident les petits. C'est pratique !

Comment fait un enfant aveugle pour lire ?

Grâce au braille, une écriture formée par des signes en relief qu'on déchiffre du bout des doigts. Avec un ordinateur spécial pour écrire, un enfant aveugle peut aller à l'école avec les autres.

C'est quoi, l'École de Danse de l'Opéra de Paris ?

Une école pour les enfants qui veulent être danseurs professionnels. Ils y suivent des cours classiques, du CE2 jusqu'au bac, mais font surtout beaucoup de danse (classique, folklore, contemporain...), de mime, de musique... Pour y entrer, les élèves doivent passer un concours. Et si leur famille habite loin, ils sont internes : ils dorment sur place toute la semaine et ne rentrent chez eux que le week-end ou aux vacances.

Est-ce que tous les enfants du monde vont à l'école ?

Non, en Afrique surtout, certains enfants ne vont pas à l'école parce que l'uniforme et les fournitures sont trop chers, ou parce qu'ils doivent travailler à la maison ou dans les champs avec leur famille. Ceux qui y vont marchent pendant longtemps pour rejoindre leur école.

Pourquoi, dans certains pays, les filles ne vont pas à l'école ?

Parce qu'on pense que seuls les garçons ont besoin d'apprendre à lire, compter, réfléchir... On estime que le rôle des filles est d'aider leur maman à la maison, et de se marier très jeunes pour avoir à leur tour des enfants et s'en occuper.

Est-ce qu'on peut apprendre à tricoter à l'école ?

Oui, en Finlande. Dans ce pays du nord de l'Europe, les enfants apprennent à lire, à écrire, à compter... et aussi à tricoter, à cuisiner, à ranger, à bricoler, à jouer d'un instrument de musique... Bref, ils découvrent tout ce qui peut les aider dans la vie ! Et ils restent en chaussettes dans les classes : sympa, non ?